NO MÁS LÁGRIMAS

NO MÁS LÁGRIMAS

Transforma el dolor en felicidad
y la felicidad en libertad

ZULAY PRADO

MISIÓN

PUBLICADO POR EDITORIAL MISIÓN

© 2023, Zulay Prado

Primera edición: diciembre 2023

ISBN Libro Tapa Blanda: 978-1-958677-16-2
ISBN Libro Tapa Dura: 978-1-958677-17-9

Para obtener más información, envíe un correo electrónico a info@ZulayPrado.com

MISIÓN

Editorial Misión publica libros simples y útiles para emprendedores, coaches, conferencistas, profesionistas, etc., con la intención de impulsarlos a transformar vidas con su mensaje. Nuestros libros son fáciles de crear y rápidos de leer, diseñados para solucionar un problema en específico. Editorial Misión ofrece un proceso sencillo para permitir que los emprendedores y dueños de negocios se beneficien de la autoridad que proviene de tener un libro, sin la molestia y el compromiso del tiempo normalmente asociado con definir, estructurar, escribir, corregir, editar, diseñar, publicar y promover su obra.

¿Tiene usted la idea de escribir un libro que transforme vidas?

Visite www.editorialmision.com para más detalles.

Para la mujer que más admiro, respeto
y quiero: Zulay Prado.

ÍNDICE

AGRADECIMIENTOS

Este libro es el resultado de una niña con un corazón frágil y puro que se transformó en una mujer con un caparazón de hierro, resistente pero lleno de empatía y amor por los demás. Agradezco profundamente a Dios, al universo y a cada persona que ha estado en mi vida, brindándome amor, felicidad, apoyo y también dolor; de todos he aprendido. Gracias a esas experiencias, soy la mujer soñadora que soy hoy.

Mis hijos, Jordy, Michelle y Mariana merecen un agradecimiento especial por su amor y apoyo; los amo. A mis padres, Evelio Prado y María Isabel Ureña, les agradezco por darme la oportunidad de experimentar el viaje de la vida, que suele ser pesado y doloroso en algunas ocasiones, a pesar de lo cual se mantuvieron en pie con la frente muy en alto; los admiro mucho. Admiro especialmente a mi madre, un ejemplo vivo de guerrera sobreviviente a muchas batallas con sus 11 hijos. Ha sido un largo camino, y aprovecho este medio para decirle: *"Gracias, con todo mi amor desde mi ser, te amo"*.

A mi familia, hermanos, tíos, primos y a cada persona con la que he compartido, gracias por su apoyo.

A mis amigos, les agradezco con todo mi corazón por ser parte de mi vida y mi aprendizaje diario, por estar en los momentos difíciles y en las circunstancias no tan agradables. Gracias por ese abrazo que recibí cuando más lo necesité, esa palabra que fue clave en el momento oportuno, sus muestras de cariño y detalles, por brindarme apoyo emocional y económico cuando fue necesario, esa mano amiga, ese hombro para apoyarme cuando estaba a punto de desvanecer. Gracias por su amistad. No quiero mencionar nombres, pero cuando leas esta página sabrás que hablo de ti, y te estaré eternamente agradecida.

Y a ti, que estás leyendo este libro, GRACIAS. Salir de ese espacio que consideramos seguro es un gran reto que requiere mucho valor y amor propio. ¡¡¡Y tú lo tienes!!! Mira en tu interior, encuéntralo y úsalo a tu favor reconociendo quién eres y qué deseas realmente en tu vida.

Deseo de corazón que mi libro *No Más Lágrimas* se convierta en tu faro de esperanza. Mi intención es que dejes tus limitaciones atrás, encuentres la luz y salgas del túnel. Mi experiencia de vida te demostrará que siempre hay salidas, aún en los momentos más inciertos.

Entiendo la fuerza y el coraje que has tenido para llegar a este punto de tu vida. Con cariño te digo, gracias por no rendirte. Este libro es para ti, Guerrera, estés donde estés, en cualquier rincón del mundo y bajo cualquier circunstancia.

PRÓLOGO

Sin lugar a dudas, en este libro he encontrado una gran historia que me ha llevado a reflexionar sobre el valor de la resiliencia y la capacidad que tenemos para sobreponernos a un pasado doloroso. He conocido en mi trayectoria como conferencista a muchas personas que sin duda han vivido situaciones difíciles, pero al leer el libro y conocer la historia de Zulay Prado, he quedado gratamente impactado y he podido aprender en la lectura de este libro mucho sobre la resiliencia y la capacidad de podernos transformar.

La primera vez que conocí a Zulay fue en una conferencia, un encuentro que recordaré siempre. Ella se acercó con mi libro en mano, buscando una firma, una conexión. En ese momento, nunca imaginé que una simple dedicatoria para ella daría vida a un libro tan poderoso como *No Más Lágrimas*.

A través de las páginas que leerás a continuación y a lo largo de los seis capítulos de esta obra, viajarás y te identificarás con Zulay en alguna de las diversas situaciones de vida que ella comparte en este libro que, en lo personal, me ha hecho reflexionar y me deja ver la capacidad que podemos tener de salir adelante victoriosos de momentos, emociones y circunstancias adversas.

Zulay no solo ha superado adversidades extremas, sino que ha convertido cada una de ellas en peldaños hacia un futuro más brillante. Su capacidad para transformar el dolor en un propósito y el miedo en determinación es lo que la hace una guía excepcional en este viaje hacia la libertad emocional.

No Más Lágrimas es un relato que me ha impactado y conmovido, pero también es conocer que siempre existe una esperanza y una posibilidad para cualquier mujer que se haya sentido atrapada por las circunstancias de la vida. Es un testimonio de que no importa cuán profundo sea el pozo de la desesperación, siempre hay una salida.

En esta magnífica obra escrita, Zulay comparte no solo su viaje, sino también las estrategias y herramientas prácticas que le permitieron reconstruir su vida. Cada capítulo abre una ventana a nuevas posibilidades, mostrando cómo la autenticidad y el amor propio pueden alumbrar el camino más oscuro.

De manera simple, pero contundente, y a través de vibrar con la historia contenida en esas páginas, este libro se convierte en una invitación a romper las cadenas del pasado, a reconstruirse y a saber que puedes siempre retomar el control de tu destino. Es un viaje de la oscuridad a la luz, donde encontrarás no solo inspiración, sino también guía práctica para tu propio proceso de transformación.

La historia de Zulay es un recordatorio poderoso de que todos tenemos la capacidad de reescribir nuestras historias. No importa cuán difíciles sean nuestras experiencias pasadas, siempre podemos elegir cómo definirlas.

Me siento agradecido por lo que he podido aprender de este escrito en el que la autora ha tocado también mi vida y sin duda, me ha hecho reflexionar sobre la capacidad de tomar decisiones, la importancia de tomar en serio el desarrollo y la superación personal, el tener la disposición para crecer a través de lo que nos toca vivir y convertir nuestra vida en algo digno y fascinante.

Así que te pregunto, ¿estás lista para dejar atrás las lágrimas y abrazar la vida que te mereces? ¿Estás dispuesta a ser la heroína de tu propia historia? La respuesta a estas preguntas podría ser el comienzo de tu propia metamorfosis.

IVÁN MARTZ

Conferencista, formador, comunicador y escritor; apasionado del desarrollo del potencial humano. Ha dictado seminarios y conferencias en más de ocho países de América. Es conductor de radio en Grupo MVS y de segmentos de televisión en Televisa. Tiene un reconocimiento como especialista del año por el Latin American Quality Institute. Vive + Libre es su segundo libro y su obra Insignia; es su aportación para mejorar la vida de muchas personas a través de herramientas prácticas y así construir un mundo mejor.

www.vivemaslibreacademy.com @ivanmartzoficial

INTRODUCCIÓN

Son las 1:48 de la mañana del 24 de octubre del 2023. Me encuentro reflexionando en todo lo que sucedió el día de ayer y el impacto que tuvo la plática con mi madre...

Por varios días había estado analizando qué escribir en esta parte del libro, y por alguna razón, una voz interior me iluminó con la idea de llamarle; la idea era indagar sobre mi nacimiento. Increíblemente, esto reveló aspectos que vinculé con mi vida actual.

Estoy convencida de que heredé la resistencia inquebrantable de ella, la cual me ha acompañado en cada etapa de mi vida. Esta fortaleza se manifestó por primera vez cuando, siendo solo una bebé de un año, caí en un sueño tan profundo que no presentaba señales de vida, sin movimiento, sin señales de respiración y sin oportunidad de ser atendida clínicamente. Mi madre, sintiendo escalofríos al recordarlo, me contó que desperté mientras oraban a un angelito vestido de rosa. Ya me habían dado por fallecida, pero ella cree firmemente que las plegarias de mi abuelo paterno, llenas de fe y amor, me devolvieron a la vida.

Con lágrimas en los ojos, agradezco eternamente a mi madre por su lucha incansable y por darme la oportunidad de luchar por mi vida desde su vientre, enfrentando violencia, abusos y carencias económicas.

Después de ese milagroso despertar, viví con mis abuelitos hasta los diez años. Era una niña diferente: no hablaba y no tenía cabello. De aquellos años solo tengo ligeros recuerdos pidiendo agua a mi abuelita con señas.

Esa llamada que hice para saber sobre mi niñez, marcó un punto de transición. Sentí confusión y miedo, como si estuviera a punto de regresar a aquel profundo sueño de mi infancia. Pero al mismo tiempo, mi mente se expandió, aclarando el panorama de mi propósito en esta vida.

Me sentí más cerca de alcanzar el punto donde quiero estar. Dije: "*Grandes cosas vienen*", mientras me sentía como si mi cuerpo flotara, en un proceso de transformación, acompañado de lágrimas y cansancio emocional.

Recuerdo claramente las palabras de mi confidente: "*Sé lo que estás pasando, eso se llama metamorfosis, es como la mariposa que sale del capullo; es decir, el proceso de transformación que necesitas para volar*". En ese momento, comprendí que no había mejor manera de describir lo que estaba experimentando en mi vida.

El cambio más profundo surge desde el interior de la persona, y lo comprendo ahora más que nunca. Todo lo que he vivido hasta hoy es esencial en mi preparación para desplegar mis alas y volar alto. Me siento como un diamante puliéndose que brilla con luz propia, Bendecida en Gratitud, Salud, Abundancia, Amor y Fe.

Este es el momento de dar y recibir. ¿Cómo lograrlo? **Con fuerza de voluntad.**

No Más Lágrimas representa a una mujer valiente que decide rescatarse a sí misma. Muestra la vida de alguien que ha luchado incansablemente para hacer realidad sus sueños; para recuperar su voz; para acariciar su esencia. Y es hasta entonces, que decide escribir su propia historia... con total libertad de expresión.

Las letras de estas páginas están dirigidas a la mujer resiliente que busca levantarse sin mirar atrás con fuerza, que a pesar de haber sido golpeada quizá por la violencia doméstica, por abusos, abandono, o incluso por agresión sexual o pérdidas devastadoras, no han logrado vencerla.

Por eso, hoy tomo la firme decisión de decir "NO MÁS LÁGRIMAS". He vivido agobiada bajo el peso del dolor y las heridas emocionales por muchos años, sufriendo golpes profundos que han sangrado día tras día.

El grito de aquella niña dulce y tierna que fui, se convirtió en silencio, transformándome en una mujer con una armadura de hierro, aunque sin perder su propia esencia. Me cansé de tantas lágrimas, me sentí asqueada de no avanzar en ninguna área. Me sentía asfixiada muriendo lentamente sin actuar. Y un día, impulsada por una inmensa fuerza de voluntad, **decidí cambiar** y no permitir que el pasado siguiera lastimándome.

¿Cómo lo logré?

Sanando el pasado.

Esto significa **liberarse de las cargas emocionales,** limpiar todo lo tóxico en tu vida, perdonándote a ti misma, abriéndote a ese proceso tan doloroso, enfrentarlo y derrotarlo. Algo de lo que te hablaré en detalle más adelante.

Comprendo que muchas cosas que te sucedieron estuvieron fuera de tu control, sin embargo lograr un cambio significativo ahora depende de ti. **Con lo que vas a encontrar en *No Más Lágrimas*,** podrás inspirarte para hallar una vida plena y amorosa, lo que realmente mereces.

No tengas miedo, tú también puedes hacerlo. No existe nada que no seas capaz de lograr, pero debes comenzar de adentro hacia afuera.

Cuando hay **deseo y enfoque,** nada te detiene hasta lograrlo.

Hoy puedo afirmar que soy una mujer liberada de un pasado cruel, y defiendo con todas mis fuerzas la paz interior que he conquistado.

"Conecta con tu interior y descubre la vida que te estás privando de disfrutar".

Zulay Prado

CAPÍTULO 1

Rescatando lo que queda de mí

"No Más Lágrimas, Convierte el Dolor en Felicidad y la Felicidad en Libertad".
Zulay Prado

En enero del año 2022, estaba pasando por una separación muy dolorosa. Había decidido por fin terminar una relación de más de 14 años. En esos días experimenté por primera vez lo que es tomar una libreta y escribir lo que uno siente, haciéndolo desde lo más profundo del corazón.

Una mujer de 41 años, con tres hijos, ama de casa y con un espíritu de emprendimiento y unas ganas inmensas, descubre que estaba en una burbuja, mirando el mundo exterior desde adentro, sin atreverse a salir de ella. Mientras escribía, me pregunté:

"¿Por qué tienes miedo, mujer? Tú tienes un potencial que no te lo imaginas. Te invito a descubrirlo. Atrévete, no tengas dudas, lo puedes lograr. Vamos, saca lo mejor de ti como mujer, como ser humano. Eres maravillosa y grandiosa, créetelo, siéntelo. Los resultados serán increíbles. Cuando lo logres, te convertirás en una mujer imparable".

Este diálogo me llevó a ir por mi propio rescate, o sea, por lo que quedaba de mí; pero también significaba recorrer un largo camino y doloroso.

El desafío más grande fue enfrentarme a mí misma. Reconocer el estancamiento emocional donde estaba en ese momento. Fue brutal.

Por años no crecí en ninguna área, emocional ni financiera. No era feliz, no me sentía realizada como mujer. Perdí mi sonrisa, mi propia voz. Me sentía prisionera, cargaba muchas heridas emocionales. Sentía no ser yo misma, pero una vocecita latente en mi interior me gritaba:

"¡Corre, ve por tu libertad, ve por tus sueños, abrázalos! Vive la vida que te mereces, encuentra un sentido a tu

existencia. Hay propósitos grandes para ti, tienes un gran potencial, una misión por descubrir, y un renacer. ¡Es la nueva versión de ti!".

En este preciso momento, escuchando esa vocecita de nuevo, me siento plena y realizada, con convicciones y segura de lo que quiero, fuerte y motivada por alcanzar al máximo mi amor propio.

Me siento feliz, sé que es real. Mantengo siempre una actitud positiva, porque es necesario experimentar esta felicidad hoy y en todo momento. Lucha por tus deseos sin mirar atrás, nutre tu alma con amor propio y respeto. Atrévete a dar lo mejor de ti y a recibir con gratitud, y a dar de corazón sin mirar a quien.

Mantén siempre el enfoque, clave para alcanzar tus metas, tanto financieras como personales. Empodérate, busca información. Así obtendrás herramientas para defenderte y enfrentarte al nuevo camino que estás emprendiendo. Te enfrentarás a muros, algunos pequeños, otros enormes; pero no te preocupes, tendrás la valentía necesaria para derribarlos. Te sentirás tan orgullosa de ti misma que nada obstruirá tu camino. Es entonces cuando empezarás a volar tan alto que te sorprenderás de lo que eres capaz.

Tres meses después de mi separación, me hablaba a mí misma mientras escribía. Empecé a sentir una magia interna, como si una voz interior dictara mis palabras y, al mismo tiempo, me llenara de fuerza y felicidad. A pesar de la inestabilidad emocional y sin haber empezado a reconstruir mi vida, me sentía plena.

Era como si mi voz interior me dijera a dónde ir, dándome luz y motivación. Estaba muy golpeada por los tsunamis a los que sobreviví y, gracias a ello, hicieron de mí una mujer resiliente y con mucha empatía para dar.

Ahora, quiero ayudarte a ti, querida lectora; quizá tú eres esa mujer que ha enfrentado o enfrenta su propio tsunami, que le ha golpeado una y otra vez, hasta dejarla desvanecida.

Estos renglones, escritos de mi puño y letra, marcaron una diferencia en mi vida; por esa razón, con todo mi cariño, quiero compartirlo con la persona que está leyendo este libro. Es un honor representar a la mujer que se levanta incansablemente, con la voz alta y clara, para ser escuchada y valorada, especialmente por ella misma.

Permíteme compartirte aquí algo de lo que me ha servido:

1. **Controla tus emociones y acciones.** Así lograrás resultados impresionantes.

2. **Siempre elige dónde quieres estar, con quién quieres estar y qué quieres hacer.** Esta decisión te hará sentir segura y te mostrará que puedes alcanzar lo que desees y sientas en tu corazón.

Créelo. Eres muy capaz, posees una grandeza inmensa. Atrévete a descubrirla y úsala de la mejor manera, muy sabiamente, para transformarte en una gran mujer empoderada en todas las áreas: emocional, espiritual, mental y física. Este empoderamiento será la clave para encontrarte con tu grandeza y, lo más importante, con tu esencia y en el camino de la nueva versión de tu verdadera yo. Cuídate, quiérete, ámate, dedica tiempo para ti.

3. **Recuerda recargar tus baterías.** Necesitas energía al 100% para llevar tus sueños y proyectos, o cualquier cambio que estés considerando, al punto

de victoria. No te rindas, mantén constancia, visualiza tu dirección y sigue adelante sin desviarte, sin importar lo que ocurra. No te detengas.

**"Triunfa, mujer poderosa,
esta es tu victoria".**
Zulay Prado

---

4. **Encuentra una motivación.** La motivación la comparo con el oxígeno, nos mantiene vivos. Sin ella, nos vamos apagando lentamente y no alcanzaremos nuestros objetivos. Recuerda momentos hermosos, aquellos que te llenan de energía positiva y emociones cálidas, llevándote a un nivel de satisfacción emocional grandioso. Estos momentos generarán más emociones positivas. Busca ese imán que atraiga energía positiva, déjate empapar por ella, cubriéndote con pensamientos y emociones positivas.

Todas estas son claves que me han ayudado bastante; iremos descubriendo más hasta lograr la vida que estás buscando y que mereces.

"El resultado de este nuevo caminar
depende de ti, si estas dispuesta a
aprovechar al máximo esta oportunidad
que la vida te está brindando"
Zulay Prado

Con este primer capítulo, hemos empezado a recorrer juntas un camino fascinante, lleno de reflexiones profundas y descubrimientos esenciales; pero aún queda mucho por explorar. El próximo capítulo te espera con más secretos y herramientas poderosas para continuar tu transformación.

Te invito a seguir adelante, no solo para descubrir más sobre las estrategias que cambiarán tu vida, sino también para enfrentar un misterio que todas llevamos dentro.

¿Estás lista para descubrir qué te depara el siguiente paso en este viaje emocionante? Sigue leyendo, porque lo que viene te sorprenderá.

CAPÍTULO 2

Mi mayor rival

El día de hoy, aquí y ahora,
me enfrento al mayor reto de mi vida:
superarme a mí misma.

Cada decisión marca un antes y un después, y solo arriesgándome descubriré sus frutos. Este es mi gran desafío: vencer a la rival más formidable que he conocido, mi propia sombra. Durante años, construí una vida intentando complacer a otros: familia, amigos, pareja, la sociedad, y en el proceso, sin darme cuenta, me olvidé de mí misma, mi persona favorita.

Me convertí en la rival que más daño me hizo. Olvidé protegerme, amarme, ponerme límites. Olvidé sonreír, opinar. Olvidé la palabra "NO". Olvidé estar de primero en la fila. Olvidé lo que es estar en un lugar seguro para mi estabilidad emocional. Olvidé qué es armonía, diálogo, amar. Olvidé mi propia voz y lo más importante… olvidé qué es la libertad.

De repente, triunfé en el reto y escuché una vocecita que tocaba a la puerta: *"Despierta, despierta, estás de regreso de ese sueño donde olvidas todo"*. Y mágicamente empiezas a recordar todo lo olvidado con una gran fuerza hambrienta de superación. Con unas ganas inmensas de comerse el mundo, abrazarlo, conquistarlo y descubrir qué me espera fuera: el triunfo, el renacer a una nueva vida.

¿Cómo puedo lograr esta **vida** que grita por mi felicidad, dando batalla a mi mayor rival?

¿Y cómo lograrlo?

Te diré…

En primer lugar debemos vivir profundamente con un sentido de valor a la vida, conscientes de que es prestada y no sabemos por cuánto tiempo. No esperes el momento perfecto; crea ese momento con decisiones firmes y definitivas, dejando tu huella en cada paso.

Siente un impulso por un cambio, no te detengas, actúa de inmediato. ¿Quieres triunfar? Debes actuar **ahora mismo**, golpea esa burbuja de cristal y rómpela, no quieres estar atrapada toda tu vida, mirando de adentro hacia afuera. Mereces experimentar lo que es estar afuera de esa burbuja, de esa jaula que no es tuya. Si estás en esa situación, entonces reconoce que tú misma lo permitiste y te convertiste en prisionera por decisión propia. Es lamentable, pero es una realidad que duele. Se siente uno frustrada y se lamenta cuestionando: *"¿Por qué no lo hice diferente? ¿Por qué me llevó tanto tiempo tomar decisiones?"*.

A veces, mirar atrás nos hace decir: *"Hubiera avanzado tanto hasta el día de hoy"*; pero el "hubiera" no existe, es momento de acción y de hacerlo ahora.

**"El pasado no es tiempo perdido,
es aprendizaje vivido
sentido desde tu ser".**
Zulay Prado

Te invito a salir de la zona de confort y tu vida cambiará poco a poco. Cada vez que aprendas algo nuevo, estarás sumando a tu evolución y despertando ese potencial que yace profundamente en ti, ese ser grandioso, amoroso, compasivo y exitoso.

Afronta con coraje cualquier índice negativo que pudieras tener; como inseguridades, carencias, heridas emocionales, falta de amor propio, miedos, autoestima desvalorizada. Al reconocer y aliviar estas cargas, el camino se hace más corto. El desafío contigo misma es más sencillo porque conoces tus adversarios. Tu resistencia en este nuevo camino que forjas para encontrar la salida depende de ti. Fortalécete admirando la gran mujer que eres, enamórate de ti misma y siéntete realizada, sea en soledad o acompañada. Eres capaz de marcar la diferencia y lograr una vida plena.

Crecer diariamente en diversos aspectos es vital. Construye bases sólidas de apoyo para mantener la estabilidad en todas las áreas de tu vida: emocional, económica, física y espiritual. La calidad de tu vida depende mucho del nivel de autoestima que tengas.

La manera más sencilla es creer en ti, amarte y aceptarte

por completo. Esta acción te llena de fortaleza interna. Aprovecha recursos de desarrollo personal como libros, vídeos motivacionales, talleres y conferencias. Todo lo que contribuya a un **cambio positivo** es bienvenido, sin importar tu edad. A mis 40 años desconocía el desarrollo personal y la inteligencia emocional, y tampoco leía libros. Pero puedo asegurarte que, al abrirte a esta nueva etapa, los cambios son radicales; tu mente se expande y comienzas a ver la vida de una manera más amable y amorosa, tanto contigo misma como con los demás.

El poder reside en nuestro interior. Pon a prueba tus capacidades, visualiza tus metas y ve tras ellas. Reconoce tus virtudes y debilidades; serán tu apoyo para salir del estancamiento.

Las herramientas de empoderamiento son esenciales. Comparto **tres libros** que influyeron en mi crecimiento: *Padre Rico, Padre Pobre* para la inteligencia financiera, *Imparables* de Teresa Baró para la comunicación y el lenguaje no verbal, y *Los dones de la imperfección* de Brené Brown para la autoaceptación y vulnerabilidad.

Valora y dedica tu tiempo al desarrollo personal, y

vive intensamente cada instante. Despide amablemente aquello que no aporte positivamente y que, en cambio, limite tu progreso. Tu energía y tiempo son demasiado valiosos para malgastarlos en lo que no merece la pena.

Es crucial rodearte de un ambiente positivo, ya que esta actitud te impulsa hacia grandes logros y te permite dar lo mejor de ti.

Una base esencial en mi vida ha sido la amistad sincera. Apóyate en esa amiga especial, aquella que siempre está ahí para ti, escuchándote, motivándote, y compartiendo tanto risas como lágrimas. Ella celebra contigo los triunfos y es feliz si estás feliz, sufre si estás triste. Este párrafo lo dedico a ti, amiga del alma. Gracias por estar y ser.

"Valora y cuida la amistad auténtica; es un tesoro difícil de hallar".
Zulay Prado

No te sorprendas si en momentos difíciles, algunas personas que están en tu círculo solo llaman para investigar qué pasó. *"¿Por qué?" "¿Cuándo?" "Pobrecita, ¿qué vas a hacer?"* y lo último que te ofrecen es apoyo de ningún tipo. Es decepcionante, pero no te desanimes. Siempre encontrarás ángeles en tu camino, personas que te apoyan genuinamente. Ellos son la recarga que necesitas. Con la batería recargada y un cambio de perspectiva, recuerda que eres fuerte y capaz de superar cualquier adversidad.

No veas una separación como un fracaso. Aprende de ella, conviértela en una experiencia valiosa para tu crecimiento emocional. No lamentes lo que no hiciste; más bien, aprovecha la oportunidad para dar un paso adelante. Las lecciones de la vida, aprendidas a través del dolor y las lágrimas, te han dado la madurez y la fuerza para cambiar y transformar tu vida.

Si te sientes desanimada, ocupa tu mente y tu tiempo. Lee, escribe, ejercítate, comparte con amigos, inscríbete en clases que te interesen, como baile o yoga. comparte juegos de mesa, viaja, escucha música, escucha audios o videos motivacionales. Estos últimos fueron mi salvación en momentos de desmotivación.

Haz siempre lo que más te apasione, aquello que te llene de

motivación y entusiasmo. Mantente activa y abierta a nuevas experiencias; es una **sensación maravillosa**. Descubrirás talentos ocultos que llevas dentro, esos que aún no conoces. Eres una caja llena de **sorpresas** esperando ser abierta.

No temas, vamos por todo, y al final, la alegría te invadirá. Llorarás, pero de felicidad, y te sentirás flotar al compás de la vibrante vida. Bailarás al son de tu música, sonreirás con el alma y colocarás la pieza clave en el rompecabezas de tu existencia. Con sutileza y fortaleza, triunfarás en el juego más importante: **la vida,** convirtiéndote en la auténtica ganadora de tu propia batalla.

Ahora que has desplegado tus alas y comenzado a bailar al ritmo de tu propia música, te invito a seguirme en este viaje. El próximo capítulo es una invitación a seguir descubriendo esa fuerza que reside en ti. Prepárate para un viaje aún más profundo hacia tu interior, donde hallarás secretos y tesoros ocultos que te impulsarán hacia adelante en este fascinante camino hacia la autorrealización.

¿Estás lista para dar el siguiente paso?

¡Te espero en la siguiente página con un corazón abierto!

CAPÍTULO 3

Esfuerzo y disciplina

Mira dentro de ti; siempre hay algo más. Te sorprenderás de lo capaz que eres de obtener resultados positivos. Cuantos más resultados positivos obtengas, más confianza ganarás para arriesgarte por más. La confianza abre posibilidades, dejando atrás miedos e inseguridades, y aumenta el amor propio. ¿Hay algo que siempre te llamó la atención? **Es el momento de hacerlo realidad.** Cumplir un sueño se siente maravilloso. Genera la hormona de ir por más logros, metas y objetivos, y sobre todo, la paz interior que lo es todo. Nada la supera: ni dinero, lujos, títulos ni personas. Defiende tu paz como sea necesario; no permitas que nadie se adueñe de lo más valioso que puedes tener: tu paz interior.

Te invito a que te des **la oportunidad** de salir de la monotonía. La rutina, en algún momento, se convierte en nuestro mayor rival, nuestro enemigo, el ladrón del tiempo, asesino de nuestra vida, convirtiéndola en vacía y aburrida. Y lo peor es que la vida se nos acaba caminando en círculos, sin lograr encontrar la salida.

Es hora de cambiar y encontrar un camino hacia la salida donde lograré ser una mujer plena y exitosa. Todo empieza implementando **nuevos hábitos**: viajar, conocer lugares y personas, probar nuevas comidas, cambiar de look y forma de vestir. Atrévete con colores diferentes; es tu nueva vida. Haz cosas nuevas, estudia, infórmate. Poco a poco notarás el cambio en tu vida. Y tu postura es muy importante: luce segura y empoderada.

En enero de 2022, estaba en el gimnasio y tuve una experiencia muy motivadora. A veces, personas o cosas pueden ser nuestra gran motivación o generar una gran decepción en nuestra vida. Vi a través del espejo a un hombre entrando al área donde me encontraba con mi prima. Se veía atractivo y me saludó. En ese momento, era un desconocido para mí.

Mi prima me preguntó si lo conocía y le dije que no, pero al mirarlo detenidamente, su rostro me resultó familiar. Ella me dijo su nombre y no podía creerlo; parecía otra persona. Solo habían pasado unos meses desde la última vez que lo vi y su apariencia había cambiado totalmente. Me quedé sin palabras, coloqué mi mano sobre su hombro, lo felicité y le demostré mi admiración diciendo: *"Realmente, el ser humano tiene el poder de lograr lo que se propone"*. Y él me respondió: *"En 4 meses he logrado bajar 55 libras"*. Esto demuestra mucho esfuerzo y disciplina y, sobre todo, las ganas de lograrlo. Ahora tiene una buena resistencia física. Le pregunté si emocionalmente también había cambiado y me dijo: *"Es automático, van de la mano; mejoras un área y tu vida cambia"*.

Quiero que esta historia de motivación marque una diferencia en tu vida. Hoy mismo, toma una libreta y **escribe** lo que deseas cambiar o alcanzar. Tú puedes hacerlo. Si realmente lo deseas, nada te detendrá.

Estas palabras vienen de mi corazón abierto para ti, mi estimada lectora. Te respeto y admiro profundamente. Me siento orgullosa de mí misma y también de la maravillosa persona que eres tú. Te veo como un diamante que está a un paso de brillar en todo su esplendor. Eres una ganadora desde el momento que tomaste la decisión de **vivir** con intensidad y con mucho orgullo de ti misma.

Recuerda, eres única y especial, con una belleza interna que nunca se apagará. Desde que decidí salir de mi burbuja y **enfocarme** en mi desarrollo personal y emocional, mi vida cambió radicalmente. Al salir de esa burbuja, donde estaba adormecida y no veía el valor de la vida, la felicidad, el amor propio y la libertad, comencé a apreciar verdaderamente todo lo que me rodea.

Te invito a descubrir el valor total de tu entorno. Tu vida diaria fluirá de manera tan sutil y maravillosa que te enamorarás cada día más de ella, del regalo más valioso que tienes: **la vida.**

"El tiempo no te cuestionará, tampoco te esperará".
Zulay Prado

Esta frase refleja la decisión y acción que tomé para cambiar mi vida, robotizada en la monotonía que me hundía cada vez más, dejando pasar el tiempo sin aprovecharlo. Cambié de *chip* por uno nuevo y visualicé una nueva vida de libertad con éxito emocional y financiero.

Tomé mi libreta y anoté mis primeros objetivos: crecimiento personal, viajar, crear un activo y leer ocho libros en el primer año. Con disciplina y enfoque, logré en dos años lo que no había hecho en cuarenta. Hoy me siento realizada y feliz, libre para volar sin retorno.

Conecté con mi interior, lo máximo que uno puede alcanzar. Una vez que lo logras, **todo se vuelve más claro**. Gracias a Dios y a la confianza que tengo en mí misma, he cumplido metas inimaginables, incluso viajar a China por negocios (algo de lo que te hablaré más adelante).

Creo firmemente que el universo siempre te brinda más de lo que esperas. Mantener una mentalidad positiva y abundante, sin limitaciones mentales o económicas, aunque las haya, fue clave para alcanzar mis metas. Mi fuerza de voluntad por alcanzar mis sueños siempre fue mayor que cualquier obstáculo.

El camino hacia la libertad emocional y financiera no ha sido fácil; he derramado muchas lágrimas en este proceso. **Enfrentar** tus pensamientos y emociones requiere una valentía enorme y una fuerza de voluntad inquebrantable para tomar decisiones que marcarán el rumbo hacia lo desconocido.

Con respecto a mi tercera meta de crear un activo, analicé varias opciones. Primero, intenté con una tienda en Amazon ofreciendo productos, pero no resultó ser lo más beneficioso. Luego, consideré distribuir embutidos de Costa Rica en tiendas. Rápidamente me di cuenta que no había considerado algo muy importante y delicado: el producto era perecedero. El primer pedido llegó con un mes de vida útil; así que decidí no continuar con ese negocio.

LECCIONES CON SOCIOS

Sin rendirme, me pregunté: "*¿Cuál es el siguiente paso?*" "*¿Qué tipo de negocio puedo emprender?*" Pensé en una cafetería y luego en un restaurante; finalmente me decidí por este último. Inicié los trámites legales, elegí el nombre, obtuve la licencia y usé el poder de la atracción. Visualicé el lugar con una mentalidad positiva.

Entonces, se presentó la **oportunidad** perfecta: un negocio en funcionamiento pero en quiebra, con ventas de $0 diarios y solo una cocinera, la dueña. En un área buena para comercio, local pequeño y bonito, era ideal. Visité el lugar y supe de inmediato: *"Este lugar será mío"*. Al salir, ya había cerrado un trato con la propietaria: seríamos socias en su restaurante.

A los días, compré el 50% del negocio, pagué las deudas que tenía en recibos y lo puse al día con todos los reglamentos que la ciudad pide. Luego comencé a formar un equipo. Sin experiencia en restaurantes, pero con un deseo inmenso de superación, me dediqué por completo al negocio. Las ventas empezaron a crecer; de una persona trabajando, pasamos a cinco. Todo iba bien.

Al firmar los documentos del negocio, decidí ser más cautelosa en este nuevo emprendimiento. Sin embargo, pronto me enfrenté a una situación incontrolable: la ambición y el egoísmo de mi socia. Su actitud destructiva y manipuladora me forzó a tomar una decisión difícil. Podía luchar legalmente o retirarme para proteger mi paz y estabilidad emocional, que ya se tambaleaban.

La elección no fue fácil. La idea de abandonar un sueño donde había invertido tanto corazón y esfuerzo me dolía profundamente. Había trabajado incansablemente, levantándome a las 3:30 a.m. por mis sueños y mi crecimiento financiero. A pesar de la inversión y el esfuerzo, entendí que mi bienestar era más importante que cualquier ganancia económica. Elegí retirarme, con el corazón roto pero con la promesa de nunca más poner en riesgo mi felicidad.

Esta **experiencia**, aunque dolorosa, me llevó a investigar más sobre el comportamiento humano, específicamente el narcisismo. Comprendí la frialdad y maldad que algunas personas pueden ocultar detrás de sus máscaras. Aprendí a identificar las señales de alerta y a mantenerme alejada de individuos que pueden ser dañinos emocionalmente.

Si alguna vez has vivido una situación de chantaje emocional o has estado en una relación con un narcisista, sabrás lo difícil que es reconocerlo. Son expertos en manipulación, capaces de desgastarte hasta que pierdas tu identidad. El trastorno que sufren los narcisistas destruye; simplemente no tienen nada qué aportar a tu vida.

Por favor, indaga en ese tema del narcisismo; puedes evitar mucho dolor, lágrimas y decepciones. Evitarás un camino desgarrador y, si ya estás en este camino de agonía, corre, busca ayuda. Es una acción que requiere de mucho valor, pero es fundamental para recuperar tu libertad y bienestar.

Ve tras tu libertad. Levántate y reconstruye tu vida poco a poco; es un proceso por el que debes pasar. Aprovecha tanto la información que nos brindan las redes sociales y el apoyo. Solo tienes que buscar; no estás sola, aunque sea lo que más has escuchado de esas personas. El narcisista te dirá: *"Estás sola, no eres nadie sin mí"*, pero no es cierto. **Lee** libros de autoayuda, por favor, te ayudarán muchísimo. Escucha audiolibros si prefieres; es muy fácil. Puedes escucharlos mientras conduces o mientras haces tus cosas en casa. No hay excusas para cuando se quiere ser libre y vivir con toda la intensidad el momento de la vida.

ROMPIENDO CADENAS

Cuando desperté a la conciencia, me di cuenta de que había estado en una relación de control emocional y manipulación. Estuve adormecida, viviendo sin dirección, siguiendo un camino marcado por otros, no por elección propia. Fue así como descubrí que había sido víctima de chantaje emocional, rodeada de personas narcisistas e incluso psicópatas o sociópatas.

Entonces me pregunté: *"¿Por qué atraigo a este tipo de personas a mi vida?"*. Me preocupé. La diferencia es que ahora sí tengo información, puedo reconocer estos trastornos de personalidad y no caer en juegos de muerte en vida. Entendí que ellos se acercaban a mí por mi empatía, una cualidad que ellos carecen y desean explotar. Cuida de no caer en sus trampas; suelen entrar a través de tu vulnerabilidad, usando tus cargas emocionales; te estudian, prueban el terreno.

Lo viví, sé qué se siente estar a prueba y no sentir miedo ni intimidada. Si esta persona no logra el control, desaparece;

jamás se quedará si no logra el objetivo. Después de esta experiencia desagradable, pero muy enriquecedora para mi desarrollo personal, viene la victoria.

Una de las peores consecuencias de relacionarse con un narcisista es perder incluso tu sonrisa. ¡Es increíble! Yo recuperé mi sonrisa en el 2021, gracias a mi gran amiga Ana León Guzmán que con su sonrisa y su motivación me enseñó a sonreír de nuevo. La forma en que lo hizo fue convenciéndome de que me tomara fotos, porque de hecho, yo no me tomaba fotos. Yo me miraba y no me gustaba, me miraba y me sentía tremenda. Yo decía: *"No, yo no soy fotogénica, mucho menos sonreír"*. Yo sonreía y me miraba horrible. ¿Por qué? Porque la sonrisa no era parte de mi vida... así de simple... ¡no era parte de mi vida!

Mi amiga me animaba a sonreír. Me decía: *"Zulay, ven, vamos al parque"*, y ella me animaba, y eso fue lo que me llevó a recuperar mi sonrisa. Empecé a sonreír y ella me decía: *"Zulay, te ves linda"*. Mirábamos la foto, yo la borraba y ella tomaba más, y ninguna me gustaba, obviamente, hasta que llegó el día que pude reír genuinamente.

Por cierto, tengo una foto de esas publicadas en mi perfil de Facebook; de repente ahí la vas a ver, donde estoy con una amiga y estamos las dos sonriendo. Yo no sabía qué era sonreír. Cuando rompí esa barrera y descubrí mi sonrisa, pude ver una energía tan hermosa, que hoy día no hay una foto donde yo no ponga esa luz. Aprendí el valor de una sonrisa real, una que surge del alma y el corazón. Ahora, no hay foto mía sin mi sonrisa verdadera.

Esta transformación también me llevó a expandir mi vocabulario. Antes, me costaba expresarme, y tenía que pensar mucho antes de hablar. En conferencias o reuniones, me sentía lenta y a veces sin palabras. Esta limitación venía de no tener libertad de expresión. **Siempre temía que mis palabras se usaran en mi contra.** Así, perdí la confianza y me encerré en un círculo reducido, sin vida social ni libertad para hablar sin miedo.

Y por eso, hoy día quiero ser la voz de esas mujeres que la perdieron y lamentablemente no se dan cuenta. Hay muchísimas mujeres que están mudas, ciegas y sordas y no se dan cuenta. Son esas que están bajo ese monstruo de la manipulación, del chantaje emocional, porque es tan sutil que te hace perder todo. Es como lo dije, un títere que respira, vas donde te quieren llevar, hablas cuando quieren que hables y nada más. Es frustrante.

Lo peor es que descubrí que vivía bajo un patrón de chantaje emocional hasta después que salí de la relación de pareja. Siempre supe que nací para hablar, no para que me silenciaran. Intenté emprender varias veces; una de las cosas que siempre quise fue entrar a los bienes raíces. Sin embargo, cuando yo traía ese tema, lo único que podía recibir era una sonrisa, pero una sonrisa de burla. *"¿Estás pensando en un negocio? Por favor"*, decía con una sonrisa tan cínica, que de inmediato mis sueños y deseos se guardaban en un ataúd de proyectos no realizados.

Ese ataúd albergaba todas mis aspiraciones, todas esas cosas que quería hacer pero que nunca llegaban a concretarse. Era un lugar donde mis objetivos se quedaban sin alcanzar, aplastados por la falta de apoyo y la burla. Ahora, **liberada de las cadenas**, ese ataúd ha sido abierto para hacer realidad cada uno de mis sueños.

Y sabes, a pesar de todo, siempre pude rescatar un poquito de autoestima. Yo sé que la podía rescatar, aunque estuviera ahí, en el ataúd de las cositas que no podía utilizar. Ahí estaba, cuando me tenían hundida en el fondo del agua. Cuando podía, sacaba la cabeza, respiraba un poquito, y otra vez me tiraban al fondo. Otra vez intentaba salir a la superficie, respiraba un poquito y me hundían otra vez.

Esta lucha constante no es fácil, pero una vez que logras superarla, te vuelves **imparable**. Es entonces cuando decides fortalecer tus alas, esas que estuvieron atadas, dañadas y pisoteadas. Te dicen que tus alas son inútiles, que son un fracaso; pero en realidad, necesitas fortalecerlas para volar alto, para salir de esos espacios oscuros en lo profundo del océano de la desesperanza.

Es doloroso ver cómo algunas personas se resignan a vivir bajo el chantaje emocional, diciendo: *"Estoy bien, él me quiere, solo tengo que hacer lo que él dice"*. Conozco a alguien que vive lo mismo y ella dice: *"Yo lo sé, pero es que yo me siento bien, solo tengo que hacer lo que él diga, pero estoy bien"*. Realmente es bien frustrante, pero hay que estar ahí para poder entender este tipo de situaciones de chantaje emocional. Te vacían tanto que se convierte uno en un bombillo apagado, porque no brilla y es hueco por dentro.

Después de esta experiencia desagradable, pero muy enriquecedora para mi desarrollo personal, vino la victoria. Me levanté de nuevo, dándome el tiempo necesario para abrazar y vivir mis emociones. El apoyo de mi prima Elena fue crucial. Viajó de Costa Rica a Estados Unidos para darme su apoyo con el asunto del restaurante y terminó siendo un apoyo emocional. Me sentía abrumada por todo: la inestabilidad emocional causada por ciertas personas, mis hijas, la casa, el trabajo, la separación, el restaurante, y todo lo que otros agregaban para lastimarme.

Pero estos momentos difíciles solo sirven para hacerte **más fuerte**. Nunca es tarde para hacer lo que realmente deseas y lo que te hace feliz. Atrévete, goza **la vida** a plenitud. Nos equivocamos, sí, es verdad, y no una vez, muchas diría. No pasa nada. Somos humanos, perfectos en nuestra imperfección. Nuestras acciones imperfectas nos llevan por caminos duros, pero tenemos la capacidad de darle la vuelta a la página y empezar de nuevo. Así que levántate con voluntad y energía positiva.

Transforma las situaciones negativas en puentes hacia la salida, ahí encontrarás lo que buscas. Si no lo alcanzas a ver, es quizá porque te enfocas en lo negativo y no en lo positivo. Llénate de esperanza y fortaleza. La vida, con sus lecciones, te enseña a valorar positivamente los desafíos, llevándote por un camino más ligero. Tu energía positiva beneficia a quienes te rodean, inspirándolos a vivir con ganas y marcando la diferencia en tu paso por la vida. Deja atrás la mediocridad que no te corresponde. Libérate y recupera tu amor propio. Conéctate contigo misma a través de la meditación y la escritura.

Dedícate tiempo y cuestiona el porqué. Descubre dentro de ti a una mujer valiosa. Disfruta esa satisfacción inexplicable que no cambiarías por nada. Vuélvete inquebrantable e imparable, **enamórate de ti** y encuentra la verdadera felicidad en tu interior. No temas a los nuevos retos; de mujer a mujer te lo digo.

CREANDO ACTIVOS

Si te fijas en mi tercer meta, visualicé un activo. Aunque lo había intentado, aún no lo estaba logrando, pero fui persistente. De nuevo el sol brilló y una nueva idea empezó a correr por mi mente. Con más tacto, analizando detalles, pidiendo al universo claridad y abundancia, y siempre agradeciendo por todo lo que tengo.

En la búsqueda, Dios puso una persona que me habló de sus proyectos, sus negocios, de cómo los manejaba. Me dijo: *"Solo con usted lo comparto, no lo he hecho con nadie más"*, y me mostró una nueva oportunidad de emprender.

"El poder está en la mente.
Atrae, confía, créelo, visualízate".
Zulay Prado

De momento no le puse tanta atención. Me fui a casa, pasaron unos días y la idea seguía rondando en mi cabeza. La propuesta implicaba tener que ir a China de inmediato. Tenía que tomar decisiones rápidas y no tenía mucho tiempo para decidir. En un momento llegué a pensar: *"El próximo año lo haré"*; pero un año es mucho tiempo para esperar, ya me había pasado toda la vida esperando. Mi duda era muy grande. Tenía también otro viaje pendiente que implicaba muchos gastos y otros compromisos. Esto era lo que me hacía detenerme más que nada y no me sentía tan segura de tomar una decisión.

Entonces recordé lo que estaba aprendiendo en mi transformación: **no procrastinar.**

Corriendo tomé el teléfono y marqué a la persona que me había ofrecido la oportunidad y le dije: *"Voy contigo".*

"Viajo en una semana", dijo, *"necesitas una visa del consulado chino en Nueva York".* Al día siguiente, fui a Nueva York, pagué extra para acelerar el trámite y en cinco días me dieron la visa para viajar cuanto antes. Compré mi boleto de avión, me organicé con el trabajo, mis hijas y la economía. Llené mis maletas de ilusión y esperanza, y fui tras mis sueños.

Esta oportunidad era un desafío para mí: ir a China, dos días para llegar, una cultura tan diferente, idioma, la seguridad se siente como en las películas, es una fortaleza. En el mismo momento que salí de la frontera de China a Hong Kong, sentí aire de libertad y supe que surgirían muy buenos negocios, de otra manera no hubiera ido.

Era un viaje donde había qué poner corazón y visión.

Así es como nace mi marca de ropa *Happy Life Apparel LLC*, con una pasión por crear empleos y oportunidades de emprendimiento para aquellos con un espíritu de superación, que buscan una vida feliz y digna. Sus colores y diseños transmiten vida y empoderamiento, representando a la mujer visionaria y soñadora que materializa sus sueños con tenacidad y perseverancia.

LIBÉRATE DEL MIEDO

En cuanto a mi cuarto objetivo de leer libros, lo superé con creces. Entre audiolibros y libros físicos, disfruté alrededor de 20 obras en un año. Cada logro me hace sentir más realizada, motivándome aún más para alcanzar nuevas metas.

La clave es expresarte con tus propias palabras y sentimientos.

El equipo editorial me desafió a elegir a alguien para el prólogo del libro que tienes en las manos. No lo pensé mucho; tomé uno de los libros que más me han influido: *Vive Más Libre* del autor Iván Martz. Su filosofía de vivir sin límites y sin miedos, solo en libertad, resonaba con la mía. Lo contacté y, para mi alegría, aceptó.

Conocí a Iván en un evento donde compré su libro, lo firmó con una dedicatoria que nunca olvidaré, la cual dice: *"Que siempre tengas motivos para sonreír"*. Y creo que esa frase llegó en el momento justo, pues fue en los días cuando estaba recuperando mi sonrisa. Imagínate. Y es increíble que un año después, Iván sea parte de uno de mis sueños.

Girando en torno a la verdad de que el universo conspira a favor de nuestras decisiones y pensamientos, quiero compartirte esta enseñanza: la combinación de visión y acción produce resultados extraordinarios. Sin acción, los pensamientos son como una cabeza sin cuerpo, incapaces de avanzar.

Aprovecha el poder que tienes, créelo y explótalo en acción. El tiempo pasa y nunca lo recuperarás. Aprovecha hoy, decide un cambio en tu vida, no importa cuál sea la situación. Algo grande espera por ti. El miedo no es tu aliado; es quien te acobarda y te reprime. ¿Lo vas a permitir? No te falles a ti misma, exprésate cuando lo sientas, sin miedo. Cambia tu vida y la de los demás.

Las palabras de motivación son esenciales: *"Eres importante, inteligente, te admiro, te amo"*. Estas expresiones de gratitud y reconocimiento encienden nuestro ser y nos impulsan a creer más en nosotras mismas. La ilusión y la esperanza nos guían hacia la **grandeza** y un futuro lleno de posibilidades.

Muchas mujeres, incluyéndome, no nos permitimos vivir plenamente todos los aspectos de ser mujer. Ser mujer va más allá de las tareas domésticas o de ser madre; es sentirse amada, respetada y disfrutar de nuestra sexualidad. Sorprendentemente, el 70% de las mujeres desconocen qué es un orgasmo. Igual muchas no saben qué es recibir una palabra bonita de motivación, una palabra que te diga: *"Eres hermosa, estás muy linda"*. Mujer, disfruta de todas las facetas de **la vida**.

Personalmente, el área de la sexualidad fue un tema pendiente desde mi niñez. Sin guía ni herramientas, viví en ignorancia hasta que decidí asistir a un taller de sexualidad. A mi edad, me abrí a un mundo desconocido, lo que me hizo sentir realizada, segura y llena de amor propio. Amarse y disfrutar de todo lo que haces, decidiendo dónde, cuándo y con quién, es esencial.

No tengas miedo de brillar con luz propia. Nunca es tarde para gritar a los cuatro vientos que estás viva, que eres lo máximo y que te amas. Atrévete a descubrir sin temor nuevas cosas que te generen una sensación agradable. Eso sentí cuando descubrí que me gustaba escribir y crear frases de motivación y amor.

No tengas miedo de pedir ayuda en esos momentos que sientes que no puedes más.

La trágica decisión de Cheslie Kryst, Miss Universo USA 2019, me conmovió profundamente. Una mujer con una sonrisa deslumbrante, pero con una profunda tristeza en su alma que la orilló a tomar un camino equivocado. Su historia me impactó, especialmente porque yo ya había recuperado mi sonrisa; pero ella, con una sonrisa hermosa y brillante apagaba su chispa por completo.

Esta triste decisión nos sirve para reflexionar y pedir

ayuda. Siempre hay personas que nos brindan la mano, su apoyo, un hombro para llorar. No estás sola. Reconoce cuando no puedes sola y grita por auxilio sin miedo. No te dé pena reconocer cuando estás frágil, es de valientes y requiere de mucho valor. Tú lo tienes. No hay un rival más poderoso que tú misma.

La vida, con sus altibajos, nos desafía constantemente. La diferencia radica en cómo nos preparamos para enfrentar estas adversidades con una actitud positiva. A veces nos sentimos confundidas y perdidas, sin saber qué dirección tomar. No te desesperes. Respira, enfócate y visualiza tus objetivos antes de actuar. Escucha tu corazón y toma decisiones que te mantengan en el camino correcto. No te detengas; avanza, aunque sea lentamente, pero sin parar hasta llegar a la meta.

Enfrentar la oscuridad de nuestra alma es una lucha interna sin fin, pero la recompensa es la satisfacción de demostrarte a ti misma tu fortaleza. Como mujer, eres una luchadora por instinto. Valórate y muéstrale al mundo y a quienes dudan de ti de lo que eres capaz. Tus logros serán la mejor respuesta a aquellos que no aportan nada positivo a tu vida.

Espero que estas palabras de aliento te ayuden a reconectar contigo misma y con tu verdadero ser. La meditación es fundamental en este proceso. La inteligencia emocional y el desarrollo personal son esenciales; invierte tiempo y recursos en tu educación emocional y personal.

Mantener la **felicidad** requiere una lucha constante, incluso ante el miedo. Enfréntate a las circunstancias diarias protegiendo lo más valioso que tienes: **tu paz interior**. Vivir en armonía te permite tomar decisiones inteligentes y reconocer tus errores para aprender de ellos. Aceptar y aprender de nuestros errores nos fortalece y aumenta nuestro amor propio, dándonos la seguridad para continuar y liberarnos de nuestras inseguridades y miedos.

La felicidad depende de cómo manejes tus emociones y de tu control mental. Los resultados serán grandiosos y tú serás una triunfadora imparable; te sorprenderás de tu propia capacidad. Al despertar tu fuerza interna, descubrirás el verdadero tesoro que siempre ha estado en ti. Descubrirás talentos ocultos y el gran ser humano que eres, capaz de transformar radicalmente tu vida. Piensa en grande y serás grande. Al perseguir tus sueños, te acercarás cada vez más a ellos hasta alcanzar tus objetivos.

EN VICTORIA

El otro día enfrenté una situación con un señor que está utilizando un video mío. En el video aparezco emocionalmente vulnerable; y aunque no me siento mal al abrir mi corazón ante la gente, la realidad es que no comparto la filosofía de esta persona ni sus métodos. Tengo mis razones para no estar de acuerdo con sus acciones, ya que él se lucra del dolor ajeno para llenar sus bolsillos, sin importarle realmente el bienestar de las personas. Lo viví y lo vi con mis propios ojos, no es algo que me hayan contado.

Le llamé y le expresé mi sorpresa al ver este video al que me refiero. Aunque intenté dialogar con él, pedirle de buena manera que lo retirara, fue complicado. Él argumentó que tenía un documento firmado por mí, lo cual honestamente no recordaba. Pero me mantuve serena y traté de negociar.

Al ver que no íbamos a ningún lado, le dije: *"No perdamos más tiempo, sabemos que no llegaremos a un acuerdo."*

Es importante tener cuidado al escoger a nuestros mentores, pues hay personas que de inicio te reciben cálidamente y te llenan de promesas. *"Aquí te formarás"*, te dicen, ofreciéndote un mundo de posibilidades, pero al final, te das cuenta que buscan solo sus propios intereses y no los tuyos.

El punto es, que al enfrentar a esta persona, noté que al fin he llegado a controlar mejor mis emociones. Ahora afronto las situaciones y busco obtener mejores resultados. En esa conversación, no me sentí intimidada. Fui sincera y manejé la situación con respeto. Le expresé mi postura claramente: *"Respeto lo que hace, pero no lo apoyo"*.

Haber manejado esta difícil situación con firmeza, enfrentar su injusticia y poder sostener mi punto de vista, eso para mí fue un logro, una victoria.

¡Soy Libre!

Y bueno, aquí estamos cerrando otro capítulo de mi historia. Cada palabra que he puesto aquí ha sido como subir un peldaño en mi camino de transformación. Has descubierto mis miedos, me has visto peleando con las sombras pero, créeme, he encontrado luz incluso en los rincones más oscuros de mi alma. ¡Y tú también puedes! Pero amiga, esto no acaba aquí. Todavía hay mucho camino por recorrer, más retos, más cambios.

Te invito a que sigas conmigo en el próximo capítulo. Te voy a relatar un desafío muy oscuro en mi vida, que en realidad es una gran oportunidad para crecer. Y, aunque a veces todo se vea oscuro, siempre habrá una chispa de esperanza para seguir sonriendo. ¿Vamos?...

CONFERENCIA
NO MÁS LÁGRIMAS

Descubre tu fuerza interior con Zulay Prado, quier
compartirá su conmovedora historia de superació
personal y cómo puedes aplicar sus enseñanzas
para cambiar tu vida.

¿Qué Aprenderás?

- Técnicas para superar obstáculos
  y adversidades.
- Estrategias para fortalecer tu
  autoestima y confianza.
- Herramientas para lograr la
  libertad emocional y vivir con
  plenitud.
- Y mucho más...

CONTACTO

✉ info@ZulayPrado.com

🌐 www.ZulayPrado.com

SERVICIO DE COACHING 1-1

Ayudo a Mujeres
Resilientes que buscan
superar adversidades

Servicios

Desarrolla tu confianza
Establece metas claras
Gestiona tus emociones
Mejora tu liderazgo
Emprende Mejor

Contáctame

+1 (267) 202-5156
info@ZulayPrado.com
www.ZulayPrado.com

CAPÍTULO 4

Un miedo desgarrador

Un día más. El 11 de octubre del 2023, lucía como todos los días. Días donde no esperamos sorpresas, donde dejamos de hacer cosas y, por qué no decirlo, donde no demostramos el amor a nuestros seres queridos, por rutina o por lo que sea. Regresé a casa por la tarde y recibí una llamada de la clínica. Me dijeron que necesitaban más estudios ya que mi mamografía no estaba clara y necesitaban referirme a otro hospital. El nombre de ese hospital mencionaba la palabra "cáncer". Al escucharla, el mundo se me cayó encima. Sentí un miedo desgarrador que congeló mi sangre.

La joven del teléfono me aseguró: *"Todo está bien"*, pero yo, indignada, repliqué: *"Si todo está bien, ¿por qué tengo que ir a un lugar donde tratan el cáncer?"*. Un torbellino de pensamientos, preguntas e incertidumbres me invadió. Me sentí desvanecer. La muchacha me dijo: *"OK, todo está bien, pero tu seno izquierdo muestra masas que requieren más estudios"*. Me sentía enojada, incrédula.

Esta experiencia acentuaba mi miedo, especialmente tras enfrentar hace pocas semanas los resultados de mi niña, mi sobrina-hija adoptiva, a quien a sus 16 años le diagnosticaron leucemia mieloide crónica. A ella la he apoyado emocional y económicamente desde que tenía alrededor de 4 años, junto con sus cuatro hermanos y su madre.

Estaba en Costa Rica cuando recibimos sus resultados. Al recibir noticias de esta magnitud, tuve que contener mis lágrimas para dar la fuerza que mi sobrina y su mamá necesitaban. Pude transmitirles buena energía, aún cuando estaba con el corazón desgarrado. Saqué fuerzas de mi reserva interna, aquella que guardo para momentos inesperados.

A los días dejé a mi familia en Costa Rica con su tratamiento y regresé a Estados Unidos. Sentí un desgaste emocional y confusión, pero supe que podía liberar lo que llevaba dentro. Abracé mis emociones, lloré y poco a poco me reconforté. Al poco tiempo, platicando con una amiga, me contó que a su único hijo también le habían diagnosticado cáncer. Nunca esperas algo así. Solo pensé en seguir fortaleciéndome emocionalmente para apoyarlas y estar ahí siempre que me necesitaran.

En esta ocasión vuelvo a escuchar la palabra "cáncer", pero esta vez es en mí. Se replicó ese miedo que te invade todo el cuerpo, y pensé cómo le digo a la mamá de esta niña, o a ella, o a mis hijos que tengo que someterme yo también a un proceso de estos. Cómo es que precisamente en este momento, cuando más enfocada y despejada debe estar mi mente, aparece la sombra del cáncer en mi vida. Pasé unos días reflexionando pero luego retomé los proyectos. Necesitaba demostrarme que sí se podía; así que tomé el control y confié en que lo lograré.

Te estarás preguntando qué pasó con los resultados. Los tendré después de haber publicado este libro. La incertidumbre me acompaña en estos momentos que escribo, pero esta sensación la estoy convirtiendo en motivación, en fuerza y entrega total a este libro que me representa. No es fácil lograr el balance, el equilibrio perfecto donde la emoción positiva equilibre a la negativa. Por ejemplo, el tiempo tranquilo donde estoy escribiendo estas letras, me genera emoción positiva, pero recordar la incertidumbre de los resultados clínicos me genera una emoción negativa. Estas emociones, juntas, se convierten en un desequilibrio explosivo, llevándome al punto de exigirme a gritos: *"¡No te puedes rendir Zulay! Esto es solo una prueba más..."*.

Y me preparo para los dos resultados: si sale positivo, me enfrentaré a la batalla más fuerte que nunca; si el resultado es negativo, me quedaré con el regalo más precioso de esta experiencia. Ahora puedo decir a las personas que están pasando por este mismo proceso, la palabra más reconfortante que puede escuchar: *"Yo te entiendo"*, acompañada de un *"Lo viví, lo sentí"* y un *"Yo te entiendo"* sincero. Compartiré lo aprendido de estas situaciones difíciles.

Siempre trata de absorber todo lo positivo y descubre esa herramienta de vida que te mantiene a flote. Decir *"Todo va a estar bien"* puede sonar vacío, más bien, "choca" en estos momentos. Es mejor ofrecer un apoyo genuino diciendo: *"Cuenta conmigo, estoy aquí para apoyarte"*, *"No tengo palabras en este momento"*, o simplemente no dices nada. Un abrazo habla más que las palabras. He aprendido a ser más fuerte con mis emociones, a disfrutar cada momento. Aprendí a consentirme. Si deseo flores, me las compro y las disfruto tanto o más que si me las hubieran obsequiado. El amor propio te lleva a vivir plenamente.

El aprendizaje en momentos difíciles es inmenso. A pesar de la incertidumbre que vivo, no lo comparto con mi familia para no preocuparlos. Veo ambas opciones como grandes lecciones. Ahora entiendo lo que sienten aquellos a quienes les diagnostican cáncer. Nunca imaginé el impacto emocional de tal noticia. Desde que llegué a este país, he apoyado al hospital de niños *St. Jude*, pero vivir y sentir esto personalmente es algo que jamás imaginé. Es impresionante.

En ese momento, la empatía que desarrollé hacia las personas en situaciones similares, ya fuera con resultados negativos o positivos, se convirtió en algo de lo que jamás me arrepentiré. Ahora puedo comprender verdaderamente a esas personas; es una realidad que no puedes entender hasta que la vives.

En menos de dos meses, enfrenté el cáncer de cerca, primero con mi niña, que es como si fuera mi propia hija, enfrentando esta dura situación a sus 16 años. Luego, mi amiga me cuenta que su único hijo, un bebé de apenas un año, tiene cáncer.

Me preparé mentalmente y comencé a fortalecerme, diciéndome: *"Soy su apoyo emocional y económico"*. Mi amiga solo me tiene a mí aquí, y además vive una situación emocional devastadora. Así que me preparé para ser su apoyo y el de mi familia, y de repente me dicen:

"Te estamos refiriendo al hospital de cáncer"... *"Todo está bien"*...

Con esa "frase" concluye este difícil capítulo, lleno de reflexiones profundas, de emociones intensas, y me pregunto qué más nos depara la vida. Cada día es una página nueva, y ahora nos dirigimos hacia un nuevo amanecer en nuestras vidas.

Continuemos juntas, con valentía y esperanza.

Sin miedo.

Te espero en el siguiente capítulo...

CAPÍTULO 5

Libertad, eres única y especial

ERES UNA BELLEZA INTERNA
QUE NUNCA SE APAGARÁ

El asunto del abuso está a la luz del día; es muy común y nos sigue toda la vida. Personalmente fui marcada, desde que tenía, quizá tres años. Yo viví abuso desde niña. Imagínate que cuando empecé a escribir mi historia, fue lo primero que pensé. Se me vino a la mente una niña de pelo rubio, una niña linda a quien un tipo le mostraba dulces y juguetes, diciéndole: *"Ven, vamos..."*.

En ese entonces yo estaba creciendo con mis abuelitos y era la única niña en casa. Creo que por eso muchos hombres nos visitaban: familiares, amigos, vecinos, gente conocida del pueblo. Creo que fui como un foco de atención para esos depravados. Mi abuelita, ocupada en sus cosas, se iba a hacer sus siestas y me dejaba a solas con ellos. Yo no era consciente de lo que sucedía. Considero que cuando ya crecí un poquito más, quizá a los cinco años, fue cuando empecé a pensar, *"Debo protegerme, debo hacer algo"*.

Mi vida giraba en torno al miedo y la constante necesidad de esconderme. Cada vez que me enviaban a la *pulpería* (establecimiento comercial en Costa Rica), a la escuela o a cualquier lugar, tenía que estar en alerta, temerosa de encontrarme con esas personas. Cuando veía acercarse a alguno de esos hombres, buscaba lugares seguros en dónde ocultarme; detrás de las cercas de las fincas, detrás de cualquier barrera o incluso tirarme debajo de cualquier escondite, solo para dejar que pasaran y evitar el abuso. Todo con tal de evitar que mancharan de nuevo la inocencia de una niña dulce y frágil. Era la lucha diaria de una niña indefensa, alguien que buscaba protegerse de un mundo que parecía no ofrecer refugio.

Esta lucha constante me hacía llegar a casa con los vestidos desgarrados. Mi abuelita, enojada, no entendía por qué dañaba mi ropa con tanta frecuencia y solo me regañaba diciendo: "*¿Pero por qué siempre dañas tanto todo?*".

Esta necesidad de ocultarme, de estar siempre en guardia, se convirtió en una parte esencial de mi existencia. Aprendí a ser precavida, a vivir abrazada del miedo como si fuera una sombra constante. Era una batalla solitaria, una lucha por tener seguridad en un entorno amenazador.

Llegó el instante cuando pensé contarle todo a mi abuelita. Recuerdo que estábamos desgranando frijoles y, aunque era muy pequeña (no más de seis años), sabía lo que debía de hablar. Le confié a mi abuelita lo que estaba pasando, le revelé mis temores y experiencias, esperando algún consuelo o protección; pero su respuesta fue simple y tajante. Encogiéndose de hombros, me dijo: "*Pues, no se le acerque*". En ese momento, entendí que estaba completamente sola.

Así que seguí usando **la única estrategia que conocía**: huir y esconderme.

El abuso me ha marcado desde muy niña.

Ante tanto acoso, a los 10 años pedí irme con mis padres verdaderos. Fue una decisión que tomé con la ilusión de compartir con mis siete hermanas y cuatro hermanos, pues no los había disfrutado.

Desafortunadamente fue un error. Yo llegué muy contenta, pero mis padres esa misma noche discutieron por mi regreso. En esa casa había un ambiente de violencia doméstica, de miedo, de llanto. Y ahora, ya no me protegía a mí misma, sino a mi madre de los maltratos de mi padre. Llegué a enfrentarlo diciéndole: *"A mi madre no la vas a tocar"*.

Mis hermanos le tenían pavor, nadie se atrevía a enfrentarlo. Apenas miraban que mi papá iba a llegar a casa, todos se metían al cuarto y de ahí no salían. Era un horror. Cuando vi eso por primera vez, dije: *"Pero, ¿qué pasa? ¿Por qué todos corren a esconderse?"*.

Fueron tres años de gritos, insultos, golpes emocionales. A los trece años me fui a la ciudad a trabajar. Me fui odiando a mi padre, lo odiaba, lo odiaba. Ahí fue que descubrí lo que era el odio.

Desde entonces, a los trece años, sé lo que es comprar mis cosas. Como sabes, desde niña he tenido que hacer todo yo sola, incluso defenderme y protegerme; así que no fue difícil adaptarme a tan corta edad.

Llegué a trabajar a un convento de monjas. Ahí me enseñaron a manejar el odio, y a restaurar mi corazón. Después, decido ir a otra congregación, pero ya no a trabajar, sino a una misión que quería dar.

A mis 16 años, caminaba por los pueblos con Biblia en mano y llevando un mensaje a gente adulta. Recuerdo que un señor me dijo: *"Zulay, pero tú, ¿qué me vas a enseñar? Estás muy joven"*. No sé, es algo que simplemente me nacía de muy dentro y lo podía hacer. Podía hablar, me gustaba escuchar a la gente y la gente confiaba en mí. Imagínate, hubo un monaguillo, que de buenas a primeras me compartió algo muy íntimo, me hizo sentir su frustración y me dijo: *"El padre de la comunidad... me abusó"*. Podía escuchar y entender cosas así; a la gente le nacía abrirse conmigo. En ese lugar estuve hasta casi los 19 años. Me ayudó mucho, me sentí bien, crecí bastante.

De ahí salgo al "mundo real", o mejor dicho, al "mundo cruel"; ese del que me había escapado unos años atrás. Llegué súper inocente a este nuevo mundo, sin herramientas, sin planes. Lo único que había estado haciendo desde los trece hasta los dieciocho años había sido portar una Biblia y un rosario, y ya. No sabía de anticonceptivos, no sabía de **la vida**.

Empiezo a sobrevivir, buscando un trabajo por acá, buscando por allá, luego de un trabajo a otro, encontrando abuso tras abuso. Era como si tuviera un imán para encontrar gente aprovechada. Fue en esta época que conocí a la persona que hizo de las suyas conmigo.

LA VIDA ADULTA

En uno de esos trabajos, conozco a este señor quien empieza a meterse sutilmente en mi vida. Obviamente tenía muy claro lo que él quería. No sé si hoy en día todavía habrán mujeres que todavía piensan: *"Yo me entregaré cuando me case"*. No sé si existen, pero en ese tiempo yo era una de esas que pensaban que eso era lo correcto, que eso era lo que debías hacer.

Empecé a salir con este señor de más de cuarenta años, una persona que me doblaba la edad, con quien todo iba muy bien al principio; pero al poco tiempo empezó a presionarme para tener relaciones. Un día se le presentó la oportunidad y me dijo: "De aquí no pasa". Yo nunca estuve preparada para eso. Simplemente me sujetó de las manos y me obligó a hacer cosas que yo no quería hacer. No estaba preparada para eso. Dio rienda suelta a sus bajos instintos y después me voy sangrando al baño, llorando; cuando regreso me dice: *"Tú ya habías tenido hombres, tú no eras virgen"*. Sabes, puedo decirte que eso, de verdad, me dolió más que la agresión física. Es espantoso, yo lo comparo con el chantaje emocional, es increíble. Las palabras duelen más que cuando te dan un golpe y te dejan el ojo morado. Un golpe físico puede llegar a sanar rápidamente, pero esa herida que te causan con palabras… puede durar años, o incluso nunca sanar.

Después de ese triste incidente, mi vida se convirtió en un desastre. El acoso de aquel hombre se hizo constante; me vigilaba en casa, en el trabajo y por todos lados. Recuerdo una ocasión en la que intentó meterme en su carro por la fuerza. En ese momento, supe que debía hacer algo radical. La idea de irme a otra ciudad comenzó a rondar en mi mente. Necesitaba esconderme, protegerme, pero sobre todo, tenía que actuar, no podía seguir viviendo así.

Me sentía perdida, frustrada, enojada y herida, sin ningún rumbo. Entré en ese patrón de depresión, de sentirme sin un motivo, sin fuerza, llena de confusión. Es como si todo se viera gris, triste y difícil. Me convertí en un vacío interno, incapaz de llenarlo. Era como si estuviera en el limbo, simplemente dejándome llevar por lo que la vida me trajera.

Estar en depresión, significa no querer saber, hacer o decir nada. Es una situación que genera una inestabilidad increíble. Es como estar en un pozo profundo sufriendo en silencio, con el alma desgarrada. Eso, obviamente, nos lleva a estar vulnerables, a no querer ni poder protegernos, a no estar abiertas, a no tener claridad en las decisiones. Es un desequilibrio emocional en el cual perdemos esa sensación de valía y aceptación.

En mi caso nadie se daba cuenta de lo que estaba pasando. Nadie notaba mi desesperación. En mi trabajo contaba con un servicio de apoyo psicológico, así que decidí hablar con la doctora encargada. Era la primera vez que compartía mi historia con alguien más. Esperaba comprensión, un consejo, algo que aliviara mi dolor. Sin embargo, su respuesta fue un golpe más a mi ya frágil estado emocional. Me dijo que lo que vivía era "normal", que muchas mujeres pasaban por lo mismo. No hubo consuelo ni palabras de aliento, ni siquiera un gesto de compasión. Me sentí aún más sola, como si mi experiencia no tuviera valor alguno.

Por eso, para mí, la empatía es fundamental. A veces, no necesitas palabras; **un abrazo, un apretón de manos o cualquier gesto puede significar mucho.** La indiferencia de aquella doctora agravó mi sensación de soledad y desamparo. Me hizo sentir que mi dolor y experiencia eran irrelevantes.

Ese encuentro me enseñó una valiosa lección sobre la importancia de la empatía. A partir de ese día, me prometí ser siempre esa persona empática que yo necesité en aquel momento, mostrando con acciones que la empatía es más que un sentimiento, es una forma de conectar y brindar consuelo.

Decidí irme a otra ciudad. Llegué a la casa de mi prima con este tormento en silencio, aparentando fortaleza, pero internamente desmoronada. En esa vulnerabilidad, te sientes frágil, necesitada de un abrazo, indefensa... y así fue que conocí a otro hombre. Creo que, inconscientemente, lo que yo buscaba era una figura paterna o algún soporte familiar que nunca tuve, pues este hombre era también mucho mayor que yo. Quedé embarazada a los cuatro meses.

Embarazada y abrumada con una depresión severa, recuerdo haber viajado a un hospital en la ciudad, sintiéndome incapaz de continuar. Estaba sola. No sé cómo llegué allí, pero al entrar, me quebré por completo y me ingresaron inmediatamente. Después de la hospitalización y cargada de medicamentos, salí del hospital en un estado de semi-inconsciencia. Pero aquel espíritu de fuerza interna me impulsó a tirar las pastillas. Decidí no depender de ellas y comencé a recuperarme lentamente.

Cuatro meses después, la vida me golpeó de nuevo. Unos jóvenes del pueblo donde vivía mi familia llegaron con la noticia de que mi hermana había tenido un accidente y había fallecido. Ella había sido mi única conexión familiar en aquellos difíciles años. Era también con la que más congeniaba. Recuerdo una vez que coincidimos en una fiesta y nos vestimos iguales, como gemelas. Y ahora, se había ido. La pérdida fue devastadora. Aquello me hundió más, llevándome a pasar seis meses sin visitar a mi familia. ¿Para qué ir si ella ya no estaba? Durante el resto de mi embarazo, lloré su ausencia, enfrentándome a la miseria y al dolor en silencio, mientras iba cargando con heridas emocionales profundas.

Sobreviví a esas adversidades y conocí a un doctor que me ayudó a superar, al menos parcialmente, la pérdida de mi hermana. Nos involucramos sentimentalmente, y aunque la relación no duró mucho, fue significativa. Mi hijo se apegó a él, y recuerdo cómo lo motivaba y lo ayudaba a dar sus primeros pasos. Sin embargo, este hombre estaba más herido emocionalmente que yo. Consumía alcohol en exceso y a menudo amenazaba con quitarse la vida.

Esta situación me sobrecargaba aún más, y en ocasiones, trataba de rescatarlo de sus borracheras.

Un día, él sugirió que fuera a visitar a mi familia por unos días. Aún cargando con mi propia angustia y depresión, y sintiéndome exhausta, decidí ir a casa de mis padres para buscar algo de alivio y apoyo con mi hijo.

Esa noche me quedé en casa de una conocida en camino a casa de mis padres; y experimenté algo muy raro, tenía la sensación de una profunda desesperación, algo así como si estuviera a punto de morir, me dolía el cuerpo, no podía dormir.

Al día siguiente, llamé a una amiga vecina del doctor y recibí la impactante noticia: él se había suicidado en su garaje la noche anterior. En ese momento comprendí por qué quería que yo me fuera. Fue un suceso traumático y decidí no ver su cuerpo, optando por preservar la última imagen que tenía de él cuando estaba vivo. Aceptar esa realidad fue extremadamente difícil para mí. Era como si cada dolor del pasado se acumulara, sumándose a esta nueva pérdida.

Lo sucedido en la ciudad donde vivía se malinterpretó: *"Ah, el doctor se suicidó porque Zulay se fue con otro hombre"*. Nadie me preguntó: *"¿Qué necesitas? ¿Cómo estás?"*. No les importaba la verdad, y eso causó un dolor aún más profundo.

Llegó un punto en el que me desvanecí en el trabajo. Un hombre me reconoció y comentó algo sobre el suicidio del doctor, insinuando que él también lo haría por mí. Esas palabras me derrumbaron. Me retiré a una habitación, se me nubló la vista y caí al suelo.

Me encontraron ahí, desplomada. Me llevaron al médico, pero ya iba desconectada emocionalmente. Pedí ver a un sacerdote y le dije a mi mejor amiga que cuidara a mi hijo. Me preparé para lo peor, aunque los doctores sabían que clínicamente no estaba muriendo; pero en mi mente, ya estaba muerta, desconectada de las ganas de vivir. Gracias a Dios, no pasó a mayores. Me levanté y seguí adelante.

Debido a todos estos acontecimientos, empecé a experimentar una repulsión profunda por tener una relación; como si no pudiera sentir nada por un hombre. Me bloqueé completamente, incapaz de manejar esa situación. Esa experiencia me marcó durante años, impidiéndome sentir. Una gran razón fue que no tuve a las personas correctas a mi lado; personas sabias que pudieran haberme ayudado durante esa etapa de mi vida.

Siempre me protegía como una tortuga, debajo de un caparazón duro. No me daba esa oportunidad de sentir ni de sanar. No tenía esa herramienta del *"Suéltalo"*, *"Háblalo"*, *"Grítalo"*, de *"Ve, busca terapias"*, *"Busca ayuda"*. No, simplemente me mantuve bajo el caparazón que me daba la sensación de protección, pero siempre defendiendo esa empatía que nunca murió dentro de mí.

En la actualidad, puedo hablar de este tipo de temas sin problemas, **incluso los expongo en mis conferencias,** pues ya he trabajado en la sanación, ya estoy libre. Durante años, nunca hablé de estas experiencias, ni siquiera mi familia lo sabía. Fue hasta que me di **la oportunidad** de salir de ese capullo, después de cuarenta años de silencio, que me di cuenta del daño que me causaba.

NUEVOS COMIENZOS

Años más tarde, en Costa Rica, conocí a alguien del estado de Nuevo México quien me propuso matrimonio y mudarnos a los Estados Unidos. Acepté, pensando que era un adulto maduro y que encontraría estabilidad emocional para mi hijo y para mí. Sin embargo, el maltrato comenzó justo un día antes de nuestra boda en Costa Rica. A pesar de la señal de alarma, nos vinimos a los Estados Unidos.

El matrimonio duró solo diez meses, durante los cuales viví una relación de violencia doméstica. Terminé en una casa para mujeres maltratadas con mi hijo, sin nadie más. Devastada y frágil, este país me brindó apoyo y estoy profundamente agradecida por ello. Me ayudaron, me acogieron, me mandaron a Costa Rica porque esa fue mi decisión. Ellos preguntaron *"¿Qué quieres hacer? Te ayudamos aquí o te ubicamos"*. Pero yo estaba devastada, no podía. No quería estar en Estados Unidos. Me ayudaron con el divorcio, me mandaron a mi país y me fui con mi hijo, tratando de empezar nuevamente.

Obviamente, en Costa Rica me encontré con lo mismo. Toda esa basura emocional te sigue a cualquier rincón del mundo si no cortas ese patrón. Nos preguntamos *"¿Por qué me pasa lo mismo siempre?"*, y no nos damos cuenta que lo que está dentro de nosotros es la causa de nuestro exterior.

Decidí volver a Estados Unidos, cayendo en otra relación sutilmente abusiva. Estaba tan vacía que casi no lo noté, pero podía sentirlo. Hasta que decidí despertar y escuchar esa vocecita interna que siempre estuvo ahí, animándome a **buscar mi propósito**. Decidí un día acabar con todo y empecé a soltar toda esa basura, dándome la oportunidad de sentir y vivir.

Recientemente, un querido amigo y médico, que suele darme sabios consejos, me dijo con una sonrisa: *"Zulay, parece que para ti todo es fácil"*. Y es que hoy entiendo que la vida se vuelve más fluida al verla así; puedes abordarla con expectativas más ligeras. Deseo que otras mujeres, atrapadas en su propia nube oscura, puedan ver el sol. La libertad de expresarse, de decir "no", de crear su propia historia. Aprender a admirarse a sí mismas y estar orgullosas de sus logros es invaluable.

Disfrutar la felicidad era algo que antes me daba miedo; estaba tan acostumbrada al dolor que no me sentía merecedora de la felicidad; pero ahora no le temo, al contrario, es algo que protegeré celosamente. Cuando siento que algo o alguien perturba mi paz, aunque sea mínimamente, me alejo.

Aquí, en mi hogar, me doy el tiempo que necesito. Si tengo que dedicarle diez u ocho horas a estar sola, lo hago. Cuando mis hijos no están en casa, disfruto de mi soledad, la mujer más feliz del mundo. Leo, escucho audiolibros, escribo, saboreando ese espacio que nunca tuve, dándome mi lugar, apreciándome y pensando en mí.

Por primera vez, me pongo **en primer lugar**. Puede sonar egoísta, pero incluso a mis hijos no los coloco en primer lugar. ¿Por qué? Porque comprendí que si yo estoy bien, estaré bien para mis hijos y podré ofrecerles más.

Todo lo bueno que traiga a mi vida, ellos también lo recibirán.

CAPÍTULO 6

Cinco herramientas para lograr la libertad emocional

En mi viaje hacia la libertad emocional, tuve que emprender varios caminos. Uno de ellos fue **escribir mi historia** en una libreta (desde lo primero que recordaba de mi niñez). Este proceso resultó muy doloroso, como si cada palabra reviviera viejas heridas. Me sentí agotada, incluso enferma. Al revivir esos eventos, me preguntaba por qué me sentía mal al escribir. Consulté a un psiquiatra, quien me explicó: *"Ese es un proceso que debe ser acompañado por alguien con experiencia, ya que se siente como si estuvieras viviendo de nuevo el problema"*.

Otro paso importante fue **compartir mi pasado con personas de confianza** y, finalmente, decidí exponer mi historia en un **evento público para mujeres.** Sabía que este gran paso sería de gran ayuda para mí. Era la primera vez que exponía mi alma ante una audiencia. Hablé con lágrimas en los ojos y fue un tremendo desafío, pero me trajo una liberación inesperada; algo que marcó el inicio de una nueva etapa en mi vida.

Asistí también a un taller de sanación, inspirado en la filosofía de *"Sana Tu Vida"* de Louise Hay, impartido por el **Coach y Conferencista, Fernando González.** La necesidad de sanar me llevó a viajar a otro país en busca de esa paz interna. Así que en este camino de autodescubrimiento y sanación, he identificado **cinco herramientas clave** que me ayudaron a transformar mi vida. Estoy ansiosa por compartir estas herramientas contigo, con la esperanza de que también transformen tu vida.

#1 RECONOCER

Este despertar puede doler, pero una vez que se produce, se da un giro radical en la vida y el entorno. Reconocer significa despertar, realizar un acto de noble conciencia y aceptación de uno mismo, con todo lo que implica el pasado y el presente. Es descubrir tu ser interior y encontrar respuestas a cada interrogante y vacío que te consume. Es un diálogo profundo entre tú y tu otro yo.

Al despertar, te encuentras con **la versión más auténtica y pura de ti misma,** aquella que estaba olvidada. Descubrirse, conectar consigo misma y ser consciente de dónde estás y a dónde quieres llegar es esencial.

Este reconocimiento te lleva a **comprender** tus verdaderos **deseos y objetivos,** permitiéndote trazar un camino claro hacia ellos. La libertad emocional comienza con este paso crucial de autodescubrimiento y aceptación; es el proceso que te brinda la oportunidad de redirigir tu vida hacia un futuro más alineado con tus verdaderos valores y aspiraciones.

#2 REACCIONAR

La segunda herramienta esencial en mi camino a la libertad emocional es la de "reaccionar". Reaccionar significa tomar medidas asertivas y contundentes ante las situaciones que enfrento, protegiendo siempre mi integridad emocional, física y mental. Esta acción de reaccionar me ha permitido optar por un cambio significativo, descubriendo mi capacidad de crear un impacto profundo en mi vida y en mi entorno.

Al reaccionar, descubro la capacidad que tengo **de crear** y generar mucho más impacto en mi persona y a nuestro alrededor, dejando una huella única en la vida, una esencia que nunca pierde su aroma y un gozo que eternamente reside en mi ser. La gratitud que siento es tan inmensa que no puede ser simplemente narrada como un cuento; se siente en cada fibra de mi ser, calentando mi divinidad interior y llenándome de sabiduría. Esta luz interior brilla incluso en los rincones más oscuros, aquellos que alguna vez permitimos que opacaran lo más valioso en nosotros: el amor.

He aprendido que **el amor** es la clave para tener éxito en todas las áreas de la vida, viviendo en plena libertad. Hoy es el momento de actuar, de tomar decisiones y mantener una actitud proactiva. No dejes las cosas para mañana; ese día es incierto. La verdadera libertad comienza hoy, con cada decisión y reacción que elijamos.

#3 REINVENTAR

Reinventar es un proceso de transformación que comienza en el corazón y se extiende a todas las facetas de la vida, ya sean negocios, ideas o la propia identidad. Implica **encontrar tu valor** y reconstruirte si es necesario, adaptándote a las nuevas circunstancias y necesidades que la vida presenta.

Este proceso de reinventarme implicó abrazar mi grandeza y valor. Me desafié a ir tras mis sueños, metas y objetivos con una claridad renovada, encontrando un propósito profundo en mi vida, mis ilusiones, ambiciones y pasiones. Reinventarse no es solo cambiar lo externo, sino también redefinir y redescubrir **quién eres** como ser humano.

Al reinventarme, logré un nivel de realización que solo se alcanza cuando se actúa con el corazón. Es una realización que permanece y resuena dentro de mí. Ahora, te invito a reinventarte también. Elimina las barreras que te han limitado en el pasado y que te limitan en el presente. Es tu momento para actuar con eficacia y habilidad, logrando tus propósitos de manera exitosa y satisfactoria.

#4 REINTEGRACIÓN

Se trata de volver a integrar o incorporar algo o a alguien, facilitando así una **adaptación exitosa** a la vida cotidiana o a un entorno específico. La reintegración es esencial, ya que no merecemos una vida aislada. Nuestra familia, amigos y la vida social son derechos fundamentales.

No nacimos para vivir en cautiverio, incluso cuando sentimos nuestras manos libres. Este es el momento de experimentar la libertad emocional, brindándonos la oportunidad de crecer y reconocer quiénes somos sin dudas, confiando plenamente en nuestra capacidad para elegir y decidir con nuestra propia voz.

Escribir nuestra propia historia con el apoyo de seres queridos y amigos es crucial. El **calor humano** es sumamente importante; un abrazo puede cambiar completamente el rumbo de nuestra vida. Todos podemos aprender de las personas que nos rodean, ya que nos necesitamos unos a otros. Compartir nuestras cargas y conocimientos hace que la vida sea mucho más fácil y confortable.

La reintegración puede ser en el trabajo, en un grupo, en la iglesia, con amigos. Aprovecha para crear un ser humano lleno de fortalezas y empatía hacia los demás, y vive en libertad con tus seres queridos. No te niegues la oportunidad de estar o expresar lo que sientes a las personas que amas. Libérate e intégrate con aquellos a quienes quieres.

#5 REVIVIR

Revivir significa traer algo de vuelta a la vida, restaurar la vitalidad de lo que estaba apagado o inactivo. Se refiere a la acción de **hacer que algo vuelva a funcionar**, a recuperar la conciencia o el interés en algo, o incluso a experimentar nuevamente un recuerdo o experiencia pasada.

Este quinto paso tiene la respuesta final y definitiva. Cuando llegues a este punto, habrás alcanzado tu meta. La vida es todo, y no se trata solo de respirar. **La vida es sentir y amar de la forma más pura desde el ser,** logrando autenticidad en todo lo que hago y me rodea, convirtiéndolo en gratitud y abundancia, y viviendo en total plenitud. Eres la razón y la motivación de por qué haces las cosas. Recupérate de esa muerte súbita que te tiene paralizada, eliminando los miedos y el aburrimiento que mata el crecimiento. La ignorancia te congela y te impide ver más allá, te mantiene creyendo que no puedes lograrlo, lo que es una muerte en vida, sin ilusiones ni objetivos, sin sentido de motivación por nada.

Solo te puedo decir: *"Levántate y comienza a vivir"*. Entenderás el juego de la vida. Fluye, déjate llevar, recupera ese sentimiento que parecía extinguido. Revívelo y siente con emoción y felicidad. Vive sin limitaciones, empieza a recuperar el oxígeno, el movimiento, el color, el brillo, el interés. Llénate de vitalidad. Poco a poco, lograrás estabilizarte.

Les confieso que en muchas ocasiones estuve en el fondo perdiendo el oxígeno, pero logré salir una y otra vez. Por ello, confío en que tú, con estos pasos, podrás alcanzar la libertad.

Vive intensamente, con entusiasmo y entrega total.

Visualiza y lo lograrás.

CONCLUSIÓN

Sentada con la calma del amanecer y la pluma en mano, en estos momentos reflexiono sobre el viaje que he recorrido. Mi historia, tu historia, nuestras historias, todas tienen un comienzo, pero nunca un final definido. Desde aquellos días de lucha en Costa Rica hasta este momento de paz y reflexión en Pensilvania, he aprendido que cada paso, cada caída y cada resurgimiento son parte esencial de una vida vivida con autenticidad y coraje.

Recuerdo aquel día, cuando mi mundo parecía desmoronarse y la oscuridad me envolvía. Fue entonces cuando comprendí que la única salida era a través de mí misma. Ese fue el inicio de mi transformación, un despertar que, aunque doloroso, me llevó a un lugar de fortaleza y amor propio. Reconocer mi dolor y mi situación fue el primer paso para liberarme.

Ahora, mirando atrás, veo un camino lleno de obstáculos, pero también de victorias. Cada capítulo de este libro ha sido un reflejo de esa lucha y resiliencia: desde el reconocer y reaccionar, pasando por el reinventar y reintegrar, hasta finalmente revivir. Estos no son realmente capítulos de un libro, sino más bien etapas de una vida que se niega a ser apagada por las adversidades.

Mis letras no han sido solo mi historia; sino un espejo de muchas vidas. A través de estas páginas, he compartido contigo no solo mis desafíos y victorias, sino también las **lecciones aprendidas** en el camino. Mi **misión** es inspirarte a creer en ti misma y a luchar por la vida que mereces. La libertad emocional, la felicidad plena y el amor propio no son meras palabras; son **realidades alcanzables**. Con determinación, pasión y el apoyo de quienes te rodean, puedes lograr cualquier cosa.

A ti, mujer valiente que estás luchando por seguir adelante, te digo: cada una de tus luchas es válida. **Tus lágrimas, tus risas, tus miedos y tus sueños forman**

parte de tu increíble historia. No estás sola en este viaje. Al igual que yo, puedes levantarte y enfrentar cada día con una nueva fuerza y un renovado propósito.

Ahora tienes **las herramientas,** úsalas. No permitas que las sombras del pasado oscurezcan tu presente. Escribe tu propia historia, una donde seas la protagonista indiscutible de **tu vida.** Visita mi sitio web para encontrar más **recursos** que te ayudarán en tu camino y recuerda, el poder de cambiar tu vida está en tus manos.

Así que, levántate. Empieza a vivir y entenderás el juego de la vida. Fluye, déjate llevar, recupera ese sentimiento que parecía extinguido, revívelo y siente con emoción y felicidad. **Vive** sin limitaciones y con entusiasmo. Eres una mujer libre, fuerte y capaz.

Tu viaje hacia la libertad emocional comienza ahora.

…Y recuerda: ¡No Más Lágrimas!

ZULAY PRADO

PD: Envíame un correo y dime cuál fue la herramienta que más te impactó. Todos los correos los respondo personalmente.

info@ZulayPrado.com

SERVICIO DE COACHING 1-1

Ayudo a Mujeres
Resilientes que buscan
superar adversidades

Servicios

Desarrolla tu confianza
Establece metas claras
Gestiona tus emociones
Mejora tu liderazgo
Emprende Mejor

Contáctame

+1 (267) 202-5156
info@ZulayPrado.com
www.ZulayPrado.com

ZULAY PRADO

BIO

NO MÁS LÁGRIMAS

Es empresaria, conferencista y autora, fundadora del grupo de empoderamiento "No Más Lágrimas". Originaria de Costa Rica, emigró a los Estados Unidos en el año de 2005, buscando cumplir sus sueños junto a su hijo de 4 años. Su trayectoria es un testimonio de coraje y dedicación, representando a muchas mujeres y madres solteras que luchan por el bienestar de sus hijos.

A lo largo de los años, Zulay ha sido una voz de inspiración y fortaleza para muchas mujeres. Gracias a su espíritu de emprendimiento imparable y su capacidad de resiliencia, se ha establecido como una figura prominente en el ámbito del desarrollo personal y la motivación.

Además de su labor como empresaria y conferencista, Zulay disfruta de la lectura y el ejercicio físico, así como de la naturaleza. Su historia y enseñanzas han tocado el corazón de miles, demostrando que siempre es posible levantarse y seguir adelante, sin importar los desafíos.

Para saber más sobre Zulay y su trabajo, visita su sitio web:

www.ZulayPrado.com

Esperamos que hayas disfrutado de este libro

Zulay Prado lee cada comentario publicado en su página de Amazon.

Le agradeceríamos que compartiera su opinión acerca de esta obra, pues así ayudará a otros lectores a tomar sus propias decisiones para invertir su propio tiempo y recursos en este contenido.

Dos cosas antes de que deje su comentario:

Primero, pedimos solo comentarios francos, que reflejen el verdadero impacto que este libro causó en usted.

Segundo, que estos comentarios sean prácticos con la intención de ayudar a otros a tomar sus propias decisiones.

Así que, si usted ha disfrutado este libro y quiere notificar a la autora, así como a los futuros lectores acerca de sus impresiones, puede dejar su comentario y sus estrellas yendo en este momento a la página de Amazon.

Simplemente busque en Amazon el nombre del autor o el nombre de este libro.

Con Gratitud,

Editorial Misión

CONFERENCIA
NO MÁS LÁGRIMAS

Descubre tu fuerza interior con Zulay Prado, quien compartirá su conmovedora historia de superación personal y cómo puedes aplicar sus enseñanzas para cambiar tu vida.

Qué Aprenderás?

Técnicas para superar obstáculos y adversidades.
Estrategias para fortalecer tu autoestima y confianza.
Herramientas para lograr la libertad emocional y vivir con plenitud.
Y mucho más...

CONTACTO

✉ info@ZulayPrado.com

🌐 www.ZulayPrado.com

ZULAY PRADO RECOMIENDA

EL TALLER

SANA TU VIDA

Con Fernando González

Obtendrás las herramientas para conectar con el grandioso ser que ERES y así vivir tu vida con los siguientes valores:

- EQUILIBRIO
- LIBERTAD
- ARMONÍA
- PAZ
- RIQUEZA
- SALUD
- AMOR

MÁS INFORMACIÓN +1 (562) 472-5172

f **⊙** @coachfernandogonzalez

Notas